AF607170
AVERSO

EL JARDÍN DE THÁNATOS

DANIEL MUSTIELES

Número 42 de la Colección **PERVERSA**

El jardín de Thánatos

Edición al cuidado de Averso Poesía
www.aversopoesia.com

hola@aversopoesia.com

Primera edición: enero de 2025
ISBN: 978-84-10027-53-4
Depósito Legal: GR 50-2025

Impreso en España - *Printed in Spain*

El papel utilizado para la impresión de este libro está calificado como papel ecológico y procede de bosques gestionados de manera sostenible.

EL JARDÍN DE THÁNATOS

DANIEL MUSTIELES

A mi padre

Quiero dormir el sueño de las manzanas,
alejarme del tumulto de los cementerios.
Quiero dormir el sueño de aquel niño
que quería cortarse el corazón en alta mar.

Federico García Lorca

PRÓLOGO

Thánatos se ha despertado y ha abierto las puertas de su jardín, pero antes de adentrarnos en el viaje por este paraje en donde las flores muertas se enredan con la arena de un reloj desvencijado, déjame hablarte del miedo y la sorpresa que suponen para mí hacer el prólogo de este libro.

Conocí a Daniel Mustieles hace algunos años, no demasiados, pero sí suficientes como para poder llamarlo amigo con total confianza.

Puedo decir de él que su carácter jovial y socarrón, su aspecto bonachón, en total consonancia con su persona, y la alegría que desprende se reflejan en sus letras; gracias a él descubrí que los unicornios también beben cerveza…

Sí, sí, lo del miedo y la sorpresa, ahora llegamos a ello.

A los versos de Daniel, como a él, les gusta jugar con las palabras y las formas, les gusta vestirse de fiesta y divertirse, les gusta enamorarse, tanto que terminan enamorando a cualquiera, y aquí uno no puede cerrar la puerta a esa admiración que el amor trae consigo.

Admiro a Daniel y su manera de escribir, y ahí es donde reside el miedo a enfrentarse a esta titánica tarea de no caer en la adulación fácil que flaco favor le hace al poeta.

La sorpresa llega cuando, al terminar de leer este libro, siento que es como un sorbo de buen *whisky* en un paladar no iniciado: primero te impacta con ese fuego que asciende y ruge desde el estómago, luego se produce la magia y te recreas en sus matices, logrando apreciar la sutileza de sus sabores.

Una vez dicho esto, te invito a pasear por este libro en donde la muerte es la protagonista en sus más de mil formas. Algunas de ellas lograrán estremecerte, otras te sacarán más de una lágrima, alguna incluso te dará esperanza, pero ninguna te dejará indiferente, pues la arena ya está puesta en el reloj y este corre en contra nuestra, aunque esta noche se sienta agradable que la muerte huela *«a romero y madreselva»*.

Te diré que es la muerte sueño y que el sueño trae consigo el temor a no despertar, pero algunas pesadillas nos devoran el alma y bien lo refleja Daniel cuando nos dice:

«Las pesadillas
son monstruos
sin boca
que me devoran
en la oscuridad».

También te diré que en este jardín podrás conocer a *«un hombre que vive mirando fijamente a un árbol»* y que en él sentirás que es la muerte un anhelo, una corteza que arrancar para poder sentir la paz de convertirse en bosque.

Pero también es la muerte cambio, un cambio profundo, un renacer de la esperanza, aun cuando

«agotado el abrasador estío
y de vuelta al prematuro
envejecer de los días,
retiro los escombros de la ira»

y

«barro las hojas muertas
debajo de la alfombra».

Daniel nos deja entrever entre sus letras que la muerte no es arbitraria y que la realidad que vive detrás es tan macabra como realista, cuando nos deja caer la bomba de razón que traen consigo estos versos:

«Para algunos la vida se decide
en un mendrugo de pan
o en una bala».

Y es que la muerte lleva consigo los aromas del recuerdo, la memoria de los muertos que viven en nuestros corazones, y aunque sepamos que ellos querrían que viviéramos con toda intensidad lo que ellos ya no pueden, no podemos evitar la caricia que en la piel nos dejaron sus abrazos.

Porque

«cuando alguien muere, otros envejecen de golpe,
se acercan un poco más al precipicio»

y

«se preguntan qué habrá allí abajo.
Quién habrá».

Puede que este tedioso palpitar te llene de incertidumbre o te haga desear arrancarte los ojos y dárselos a un cuervo para que sirvan de alimento a los muertos que todos llevamos dentro, pero sí espero que no te quite las ganas de bañar tu sangre con los versos de Daniel, que te llegarán hasta el alma o incluso un poquito más al fondo.

Te invito a saltar a este vacío con los ojos bien abiertos, para que no pierdas detalles y disfrutes de este viaje por el *Jardín de Thánatos*.

Incluso

«Si quizás a nadie ya le importe
que haya un pájaro muerto más
o un poeta menos».

«Porque, en el fondo, qué más da».

Enrique Morte Macia

ASFIXIA

Aires de grandeza

Con oscuro gozo
me doy cuenta
de que el viento
en tu ventana
se detiene,
con puños vacíos
golpea los cristales
insistente
y la atmósfera se llena
otra vez de funerales.

Las palomas blancas
en la plaza se desmayan
y cipreses nacen
de sus cuerpos
y naranjos,
en un fugaz intento
de esquivar a sus destinos.

Solitario el viento retoma
su viaje interrumpido
y planea entre las casas
anunciando la llegada
de la muerte.

Silenciosas las montañas
se sonríen a lo lejos
y le observan correr
infantil y ambicioso

como brisa del nordeste
que aspirase a ser mayor.

Algún día, piensan,
a sus céfiros ancestros
y huracanes logrará asemejarse
y podrá llevar entonces
su soplido
la muerte de verdad.

Pesadillas

Nacen las estrellas
y en mitad de la noche
un alarido me despierta.

Unas manos que no
reconozco como mías
me atenazan la garganta.

A los pies de la cama
un demonio blanco ríe
y me lanza puñados
de hormigas a la cara.

Las pesadillas
son monstruos
sin boca
que me devoran
en la oscuridad.

Solo palabras

No recuerdo en qué momento
del invierno
empezaron a darme miedo los besos.

Quizá fue cuando la nieve golpeaba
en silencio
los cristales de la casa.

O tal vez fue al llegar las sombras
de la tarde
que mostraban en mis ojos el vacío de las calles.

¿Fue entonces cuando decidí refugiarme
bajo un absurdo y poroso techo de palabras?

La nieve seguía calando cruel e intermitente,
agrietaba los labios blancos
y yo la manchaba con mi sangre dura y azul.

He cosido mi boca con hilo fuerte y tú
a escondidas
has bordado una lágrima contra la piel.

El silencio se astilla en mil pedazos
clavándose insolente
y el dolor ya no duele por ser rutina.

La nieve se ha fundido en los cristales
mientras camino
buscando mis propios pasos en las huellas.

Tal vez los haya encontrado
palpitando muerte
en el corazón de un vencejo herido.

Ya solo me queda entender mi letra.

ELA

A Pedro Andreu

La última vez que vi un cadáver
fue en los ojos apagados de un amigo.

«*Llevo un muerto dentro*
[decía
y yo mismo soy un mar de ahogados
en el que tarde o temprano
el que llevo dentro
saldrá a la superficie.

Porque los muertos siempre flotan».

Tal vez todos tengamos uno
escondido en las pupilas,
esperando para salir
a nuestro encuentro
como si fuera una serpentina macabra
que se lanza al final
de la fiesta de la vida.

Una siniestra fecha de caducidad
que viene impresa con mano firme
y tinta seca en nuestra alma.

Por eso, cuando la tarde
se desnuda de niebla
y la lluvia forma océanos inquietos

en las calles, evito pisar la orilla
en la que unos dedos gélidos
y desnudos de alma
me puedan invitar a bailar
en su superficie.

Por aquello
de que los muertos
siempre flotan.

El fin del camino

Quiero dormir entre los narvales
y despertar desnudo
bajo la sombra de un cerezo.
Dejar que la luz de amanecida
me bañe con su brutalidad lacerante,
que sacuda el polvo
del camino acumulado.

Quiero comer un puñado de tierra
y acariciar la sangre seca
de los limoneros, transparente
y dura como el cierzo
entre sus ramas.

Resucitar en un lecho de hormigas
y que mi cuerpo solo sea carne
para la carne, animales vivos
devorando el interior de mis recuerdos,
los párpados hojas muertas,
la boca una herida en mar abierto.

Quiero escuchar a las olas romper
los muros de nuestra casa,
abrirse paso por mis venas,
arrasar las miradas de quien nos mira
y volver a perderme en las gotas
de la lluvia que me lava,
me atraviesa,
me desangra
y nos mata.

A un recuerdo de distancia

A José Miguel Fungueiriño

Se deshace la noche en lluvia
y veo como arrastra tus cenizas
en esta tierra quemada
que me duele y te extraña
con tanta fuerza.

El paisaje destrozado me trae
una visión terrible,
una ola de compasión inmerecida,
un trato de favor hacia el más débil.

Las manos se deshacen en abrazos
vacíos que no te alcanzan
y cada gota que cae es un puñal
de agua que se clava en tu recuerdo.

Las manecillas quietas del reloj
me dicen que ya no vas a volver,
que es inútil abrir la ventana
y gritar tu nombre,
inundar la casa con ese vacío extraño
que dejaste.

Dejo que me lleve la corriente
y resucita la marea muerta
que llevaba dentro tanto tiempo.
Me desbordo hasta naufragar herido
en este mar que nos arrastra
y también nos une.

La memoria de las piedras

Camino solitario por la playa
de la memoria
y el mar me trae tu nombre,
una mariposa enredada en las pestañas
y un ataúd abierto
empapado de recuerdo.

Cada ola que rompe en mi pecho
es una daga de coral que me lacera
y abre heridas por las que nadan los peces,
me atraviesan como rayos de sol plateado
devorando mi interior en cada una
de sus embestidas.

En la orilla, un hombre se baña vestido
y se adentra lentamente
hasta desaparecer en las entrañas líquidas
de este mar de ahogados
donde habitan los ausentes.

El mar me trae un grito
en medio de la noche,
una lágrima urgente
que hierve en el borde
de los párpados hinchados.

Esa náusea de llanto incontrolable,
la soledad incierta de aquellos
que un día se sintieron invencibles
frente al mar.

Sus olas negras mueren en las rocas
arañando su superficie
con efímeros dedos de sal,
derraman dolor en caricias
que apenas se tocan
pero quedan prendidas en sus grietas.

Esta es la memoria de las piedras.

Torres de papel

Barrer la casa
y encontrar un cadáver
debajo de la alfombra.

La noche ha muerto
bajo las primeras luces
y con mirada ausente
alzo el velo del asombro
y me preparo para un nuevo día
en el que han de nacer
ideas y caracoles,
la esperanza de una nueva muerte
y las flores secas que nos acompañen
cuando el alba se suicide en tu ventana.

He construido un castillo
de torres de papel
y con las manos negras
te acaricio, observando
la mirada de aquellos
que nos miran
y se preguntan por qué algún día
empezamos a trazar
un beso a mano alzada,
a tontear con la muerte,
a jugar al borde de un abismo
y a dejar de respirar.

Luna de silencio

En la falta de luna
de esta noche
soñaré que el silencio
se ha dormido.

Soñar, dormir, silencio

palabras que resultan
tan ajenas
como el amor en una guerra.

A galope

Los cascos de los caballos
pisotean las navajas
y en el centro de la plaza los hombres
rompen sus promesas de matarse.

Las sábanas hechas jirones
en las cuerdas de tender
y la sangre seca que se funde
con el barro de las botas.

Un pájaro picotea implacable
los ojos de la tierra
y, a lo lejos,
un aullido lastimero
parece responder
a sus embistes.

Un ejército de poetas ciegos
observa la escena mientras
toman notas
en la arena de sus relojes.

El viento se eleva sobre sus cabezas
y el aire se llena de versos incompletos,
palabras que se mezclan con la lluvia
y que caen como puñales
sobre las crines de los hombres.

Hambre

Soy como el zorro hambriento
que husmea en el vertedero,
buscando un trozo de comida
que le salve el día.

No importan ya la podredumbre,
el silencio,
el asco.

Solo salvar la vida,
vencer al miedo,
esquivar la muerte.

Abrir los ojos y no sentir
el dolor del cepo
en los miembros amputados,
esa ausencia que se siente viva
igual que el latido inmóvil
en el corazón de un muerto.

Vigilia

Amanezco con la rama de un árbol
atravesada en la garganta,
el sabor amargo de la savia
que resbala por mis dedos
y un revuelo de traviesos pájaros azules
que terminan anidando en mis pestañas.

La dormida noche trajo un sueño
con cuchillas en las plumas,
una sensación de desasosiego
ante el borde de otro abismo.

Una pesadilla que atenaza mi garganta,
el otoño anticipado con su anuncio
de otra muerte prematura
y una sábana de hojas incendiadas
que amenaza con borrar estos recuerdos.

La lluvia me lacera y me inunda
hasta hacerme que naufrague,
una niebla blanca que se instala
en el fondo de una flor
eclipsando todos sus colores.

Las primeras luces traen consigo
pétalos marchitos
y un mar púrpura de desamparo.

Abrázame, demonio blanco,
antítesis de Hipnos, no me dejes
que me duerma entre tus brazos.

No permitas que descanse
y llévame contigo.

IRREVERSIBLE

Los sueños del café Babel

Deja que octubre baile
sobre tu vestido rojo
mientras cuento
en muertos
las horas de tu ausencia.

Memoria olvidada

Queda a lo lejos la ciudad dormida,
desolada urbe en la que ya no quedan cuervos
y la muerte se pasea en limusina
por sus calles en silencio.

Temblorosas luces le dan aspecto
de estar viva, de albergar un hijo
bastardo en sus entrañas duras
de asfalto y hormigón.

Enfrente hay un edificio deshabitado
en el que se confunde
el crujir de las hojas secas
con el ruido que hacen los besos
al volar por la ventana.

Una mujer desnuda
se baña en luz de plata
y se azota los pechos
mientras murmura algo
que no entiendo.

Su boca es como un tajo
en mitad de la cara,
llena de hormigas
que parecen vibrar
en las comisuras.

Ya nada queda en su memoria
sino un resquicio de lo que fue
en un tiempo pasado.

Su piel deslumbra y quema las retinas,
carbones ciegos que a tientas buscan
un abrazo en la oscuridad.

Quizá ya es tarde para darse cuenta
de que la luna,
a veces,
tapa a las estrellas.

Reflejos

Bendita sea la lluvia, porque moja la cara de los muertos.
Federico García Lorca

Se me han caído todas las palabras
a los pies de tu ventana
y mis manos arden de vacío
incandescente.

La sed que ahora mismo siento
es como si decenas de insectos
corrieran en tropel hasta mi boca
desde el interior de mis entrañas.

Me abrasan la garganta por dentro
como si yo mismo me arañase la piel
con sal bajo las uñas.

Por fin llueve.

Las primeras gotas se evaporan
nada más tocar el suelo,
dolor hirviendo en la superficie
de las venas de la gran ciudad.

El agua en el asfalto forma espejos grises,
agujeros negros en los que se pierden
las miradas de quienes se asoman.

Veo mi reflejo entre sus bordes irisados,
un abismo que solo devuelve hombre y cielo
pero algo me dice que ese no soy yo.

Claro que no, no puedo ser yo.

Porque sé
que desde hace tiempo
yo estoy muerto.

La ciudad de Thánatos

Escribo este poema
tratando de acallar los gritos
de los muertos
que se han dejado crecer
en el pecho
las raíces de una ciudad enferma.

Sus voces me arañan por dentro
y afloran de mis labios sus palabras
con la violencia de un beso inesperado.

A las afueras, en lo que quizá
podría llamarse el extrarradio,
un hombre ahorcado desdibuja
con pausado movimiento
las grandes torres de marfil.

Unos niños le lanzan piedras
a modo de juego
en el que nada importa
salvo celebrar esa breve sonrisa infantil
a costa de la vida de los otros.

La inocencia convive
demasiado cerca de la muerte,
plantando su sangre
en una tierra fértil y voraz
que la convierte en esmegma caliente
y recorre ataúdes de hormigón.

Las voces de los ya olvidados
se alzan en mitad de mi silencio
y reclaman un sitio justo
en las páginas de la memoria.

Me muerden las manos
con sus bocas de herrumbre
y escribo sus nombres
de manera impronunciable
en el rojo satén que nos envuelve.

Nunca supe en qué momento
me convertí en uno de ellos.

Vía de escape

Ayer compré una pistola
para llevarla siempre conmigo
en el bolsillo.

Su tacto frío me reconforta,
saber que está ahí si la necesito,
si las cosas se complican.

Una salida de emergencia
hacia ningún lugar,
una vía de escape
que hace que todo
sea un poco más soportable.

Saber que puedes dar
en cualquier momento
un portazo y largarte.

Un solo dedo,
un gatillo,
un breve clic.

Ya nada importa,
no siento dolor.

Clic.

Oscuridad.

Realidad

No me interesa conocer la realidad
mientras haya bombas
que destrozan las manos de los niños.

No me interesa pertenecer a un mundo
en el que la riqueza de unos pocos
condena la existencia de otros muchos.

Para algunos, la vida se decide
en un mendrugo de pan
o en una bala.

Ambos pueden cambiar
el rumbo de tu vida.

Se trata solo de saber
en qué lado del tablero
te encuentras.

Némesis

A través de aquella herida en el mundo
los muertos se asomaban y pedían la palabra.
CLIVE BARKER

Coger un libro nuevo
sin la esperanza
de un rescate.

Dejar que el filo de sus hojas
arañe la piel
y me transforme

como el gusano
que horada la carne
blanda.

Leer con los ojos
cansados del silencio
la que tal vez sea
mi nueva sentencia
de muerte.

Una verdad incómoda

Quiero convertirme en pez
para nadar entre tus dedos
y mordisquear las uñas de tus pies
hasta dejarte en carne viva.

Quiero ser la mariposa que se vuelve oruga
y escarba hasta el interior de la tierra
horadando las tumbas
de reyes y mendigos por igual.

Quiero ser el pájaro que golpea con el pico
a la puerta de tus sueños
y provoca pesadillas y la náusea
de una pluma atravesada en tu garganta.

Voy a ser el fiel reflejo del mundo
en el que vives,
el que has creado a partir
de tu miseria y tu codicia.

Voy a ser el espejo en que te miras,
en el que ves en qué te has convertido
y que te muestra la verdadera
cara de tu muerte.

La voz de la tierra

Me asomo al nuevo día
cual ermitaño
a la puerta de su cueva.

Los primeros rayos de sol
han asesinado a la niebla
y acepto el trato de la brisa
entre las ramas de mi pecho.

Hay olor a tierra mojada
entre las tumbas removidas
en el cementerio.

Los muertos han hablado.

No queremos vuestras lágrimas
—dicen—
pero qué sabremos nosotros de la lluvia
si somos solo carne putrefacta.

No lloréis sobre las lápidas de piedra
implorando un milagro
que no se llegará a cumplir.

Vivid, malditos,
vivid por nuestra memoria
lo que nosotros ya no podremos hacer.

Vivid
a pesar del vacío impronunciable
que os dejamos en las manos
al morir.

Vivo
bajo el peso del recuerdo
que dejaron tus abrazos
al marchar.

Mil muertes

A Julio Castelló

Alguien ha muerto esta noche.

Ha muerto en esta casa, en esta cama.
En esta misma cama que esconde
un piano entre sus pliegues.

Un piano que martillea
y me atormenta cada noche,
un piano manchado de sangre seca
cuyos bordes afilados me arañan
y me hacen sangrar de nuevo.

Alguien ha muerto esta noche
en esta casa.

Escucho el susurro de su nombre
entre los pliegues de la oscuridad
que nos envuelve.

Un nombre que contiene otros
mil nombres,
mil pianos,
mil noches.

Mis más de mil muertes.

Nowhere

A Anna Castillo, por su papel en la película *Nowhere*

La realidad es el patito de goma de un niño
manchado de sangre
flotando en la oscuridad.

Sus ojos son los ojos
de quien piensa
que ya ha visto demasiado
aunque nunca ha visto el mar.

Las olas de este ponto incierto
han clavado su salitre en las pestañas
y un día más mastica sangre
a la hora de comer.

La muerte alumbra cicatrices oxidadas
y el miedo ha descosido sus heridas
supurando agua de mar.

La luz del sol es apenas
un rayo de esperanza
en mitad de un naufragio inabordable.

¿Para qué seguir viviendo si solo tiene
astillas de metal clavadas
en los dedos
y sus manos son ya un amasijo informe
de caricias mutiladas?

La desgracia torna en sonrisa rota
tras alumbrar en un abismo
infectado de dolor.
Las olas que golpean su piel desnuda
anticipan la desgracia que se cierne.

El primer grito del neonato
atraviesa la noche
al igual que una bengala.

Un fragmento de vida inerte que flota
simboliza la esperanza.

Hay gaviotas que transforman la carnaza
en señal de aviso,
una última oportunidad para quien
lo ha perdido todo.

Una nueva vida a punto de empezar.

RIGOR MORTIS

La purga

Deja que tus manos trémulas
acaricien mi carne muerta,
que pesen sobre los párpados insomnes
hasta que el sueño se convierta en realidad.

Deja que abrace a mis pesadillas
y las acune como si fueran vástagos
de mi herido vientre.

Hoy ya no tengo miedo a nada,
no hay monstruos debajo de la cama
que me arañen la espalda
con el rechinar de sus colmillos.

Tampoco hay hombres lobo solitarios
en busca de almas en pena
para saciar sus fauces malolientes
ni lunas de sangre
que tiñan la noche de quebrantos.

Hoy los vampiros brindan
con vino azul cobalto
alzando sus copas de alabastro.

No se ven guadañas oxidadas
en el horizonte
y un cuervo transporta en su pico
los destellos de un nuevo amanecer.

La niebla se ha disipado
entre las grietas de tu nombre
y ya nada puede hacerme daño.

Hoy la muerte huele
a romero y madreselva.

El bosque inanimado

En el interior de un bosque
hay un hombre que vive
mirando fijamente a un árbol.

Y mientras lo mira
lucha contra sus demonios,
le roen despacio las entrañas
haciendo un agujero en su pecho.

Por él escapan ratones y alimañas,
una escolopendra se retuerce en sus costillas,
y hay retales de seda de una viuda negra
enredados entre sus arterias.

Pero el hombre sigue mirando al árbol
tratando de confundirse con sus ramas,
las manos leñosas por el paso del tiempo
y una savia roja que se mueve lenta,
como las olas en un mar de hierro,
por sus venas de hojarasca.

Anhela convertirse en tierra
y pasar a formar parte
desapercibida de este bosque.

Fermentar en su corteza los restos
de cuervos que eligieron morir en vuelo,
alimentar los brotes de una nueva vida
con sus miembros putrefactos.

Filtrarse a través del manto de hojas secas
para finalmente ir a morir al mar
en el que desembocan
las vidas de los hombres.

Salto al vacío

A Carlos Salem

¿Y si esto no es un poema?

¿Y si es solo un salto al vacío,
un intentar estrellarme contra las rocas,
abrirme en canal el pecho
y dejar que salgan volando
pájaros y palabras,
miedo, dolor, rabia,
quedarme vacío, hueco
y que no le importe a nadie?

Tal vez todo se reduzca a eso,
a saltar con los ojos cerrados
y dejar que las olas ahoguen
el grito previo al impacto,
que el acantilado me guarde
el secreto en sus entrañas de espuma
y que las estrellas de mar y los hipocampos
se alimenten de mi cuerpo destrozado.

Porque, en el fondo, qué más da.

Si quizás a nadie ya le importe
que haya un pájaro muerto más
o un poeta menos.

Carne muerta

Llueve noviembre a través de las ventanas
y la habitación se llena de gotas
de ausencias ya olvidadas.

La soledad se ha instalado
en cada poro de esta casa
y en el aire un columpio inquieto
no deja de gritar tu nombre.

Mi lengua es carne muerta mutilada,
borbotea una palabra impronunciable
al fondo de mi garganta
pero se atraganta con la niebla
y me ahogo lentamente…

Una lágrima rueda mejilla abajo
dejando un camino de óxido
en la piel quemada.

Tratando en vano de ganar esta partida
rellenaba a escondidas con arena los relojes,
pero olvidé, maldita memoria infame,
que lo que hoy es fuego que abrasa
mañana será ceniza que se lleva el viento.

Renacer

Camino por el interior
de mis venas secas
como quien pasea
por la orilla de la tarde
un día cualquiera.

El aire es una cuchilla
que me rasga la piel
y respirar es un acto suicida
del que no consigo escapar.

Arrastro mi propio cadáver,
tengo polvo en los ojos
y arena en la garganta.

La ciudad me observa desde lejos
con sus pupilas blancas;
soy solo un individuo más
en su maquinaria de carne muerta
donde habito inadvertido
ausente de palabras.

He hecho de mi casa refugio
y de mis libros hoguera
y lumbre
con la que protegerme
de la incesante helada
de la soledad.

Agotado el abrasador estío
y de vuelta al prematuro
envejecer de los días,
retiro los escombros de la ira,
barro las hojas muertas
debajo de la alfombra
y me preparo para desbrozar de nuevo
un manglar con las manos desnudas
mientras escucho en mi ventana
la violenta llamada del silencio.

Es hora de volver a renacer.

Nuevo mundo

Recibir un nuevo día
con el soplo fresco
de la lluvia ácida
en la cara.

Notar como la niebla
se adhiere al cuerpo,
pudre la carne y el tiempo
y brillan los huesos
descarnados
con sarcástica sonrisa
hacia Selenade.

Las cuencas vacías
miran a su alrededor
sin ver el abrasador reflejo
de una civilización ya perdida.

Hemos sido capaces
de aniquilar a todas las especies
y de destruir nuestro propio mundo.

Veamos si ahora somos capaces
de volver a construirlo.

Una llamada indeseada

Ha sonado el teléfono de madrugada, a esas horas oscuras
donde solo es posible recibir malas noticias.
FERNANDO IWASAKI

El sonido del teléfono duele
a cada timbrazo, solo
muerte y soledad esperan
en el otro extremo.

Descolgar es un acto de suicidio
o nacer de nuevo.

Rompe la quietud
de la tarde con su estridente
insistencia; debo levantarme
y atender la absurda llamada
de atención, el reclamo
infantil del abrazo materno.

Una mano sigilosa se alarga y asfixia
al culpable del estruendo.

Escucho el mar romper
contra mis sienes,
el golpe de la noche oscura
y sin estrellas.

El silencio.

Punta Ballena

Llévame esta tarde
a Punta Ballena
y vamos a bautizar
aquella cala de arenas blancas
como «la playa de los niños muertos».

Cuando el invierno baile
con ferocidad sobre las dunas
y los corzos heridos salten
sobre los cadáveres del bosque
coge mi mano fría e inerte.

Camina despacio hacia la orilla
y deja que la sal erosione
tus tobillos de almenara,
los consuma y los convierta
en carnada para los peces que
flotan junto a tus mejillas.

Será entonces cuando una lágrima
se confunda con el océano,
sal con sal,
dolor contra dolor,
y ya nada vuelva a ser real.

Septiembre

La llegada de septiembre provoca
siempre una lejana tristeza,
la melancolía de un frío incierto
sobre la manga larga,
la brevedad de la tarde
que se precipita
quizás
antes de tiempo.

El gris de la ciudad abraza
los recuerdos de una niñez perdida,
la sensación de volver a empezar
y de dar la espalda a momentos
que no volverán jamás.

Sentir un nuevo comienzo
por el que avanzamos encogidos,
despacio como quien no quiere
despertar al durmiente.

Mover las alas en voz baja
siempre por debajo
de las agujas del reloj
evitando el revolotear de la muerte
mecida por el viento
bajo nuestros pies.

Y será la lluvia

Dejaré que sea el fuego
quien arrase las nubes
de estas tierras
y que sea el polvo
el que dibuje gacelas azoradas
en el fondo de las córneas.

Ya llegará quien apague
el estertor de los rosales,
la agonía de un vencejo atrapado
en sus espinas.

El bramido inmenso de los escorpiones.

Ya vendrá quien habite las entrañas
del balcón adormecido,
ese en el que cada tarde las cigarras
prenden fuego al calendario
con su canto invertebrado.

Llegará cubriendo con un manto gris
[su cuerpo
y cuchillas de afeitar entre los dedos.

Dejaré que sea quien nos salve
de esta muerte incierta,
de la visión borrosa de los días
y la agonía del reloj en hora punta.

Llegará una mano que con gesto firme
cauterice las heridas.

Y será la lluvia.

Inundación

La próxima vez que llueva
dejaré abiertas todas las ventanas
para ver cómo se inunda nuestra casa.

Dejaré que floten tus libros
y mis recuerdos
por en medio del salón.

Que nuestras ropas formen
un barco de nombre impronunciable
que atraviese al galope el pasillo
de principio a fin.

Haremos que la lluvia lave
la miseria acumulada de los años,
que le dé color a fotografías blanco y negro,
que la planta que nos regaló tu madre
se transforme en un nenúfar con pies de dinosaurio
y que aplaste los recuerdos con voracidad marina.

La próxima vez que llueva
dejaré abiertas todas las ventanas
para ver cómo se inunda nuestra casa.

Eso haré.

Pero hoy ha salido el sol
y la lluvia no aparece.

La casa se convierte
en un cementerio anegado
de promesas olvidadas.

Tendremos que esperar, amor,
o hacer que llueva de nuevo,
como hicimos aquel día
en que las medusas
inundaron el salón.

EPITAFIO

Epitafio

Nadie sabe nunca cuándo es la última vez. Cuándo la última palabra,
cuándo la última sonrisa, cuándo el último abrazo o beso [...].
Cuándo el último adiós. Nadie lo sabe nunca.
MARCELO LUJÁN

Cuando alguien muere, otro debe hacerse cargo
de guardar en un cajón
las gafas que colgaban sobre el pecho,
el libro a medias que reposa sobre la mesilla
o aquella taza del desayuno que ese día
y con la urgencia de la muerte
quedó en el fregadero sin lavar.

Cuando alguien muere, otros son quienes se encargan
de tirar el cepillo de dientes, guardar las zapatillas
o el pijama,
tapar el hueco que queda en las estancias
con algunas fotos en marco de plata y lágrimas de arena.

Los que se van dejan en quien se queda un vacío
extraño y difícil de llenar,
unas palabras que no sabemos cómo se pronuncian.

Un estruendo que inunda de silencio todos los rincones.

Las habitaciones parecen lejanas,
nos movemos despacio y en sigilo,
como si el mero hecho de arrastrar los pies por el suelo

pudiera molestar a los ausentes.

Las comidas se vuelven silenciosas,
las miradas compungidas
y culpables por seguir comiendo.

Cuando alguien muere, otros envejecen de golpe,
se acercan un poco más al precipicio,
se preguntan qué habrá allí abajo.
Quién habrá.

Algunos se acercan demasiado,
se preguntan demasiado.
Tal vez buscan su reflejo en el fondo del abismo.

Y nunca encuentran la respuesta.

Nunca debí escribir sobre la muerte...
tal vez ella pensó que al hacerlo la llamaba.

Y se presentó demasiado pronto.

ÍNDICE

RIGOR MORTIS

EPITAFIO

Este libro se terminó de editar en Granada
en enero de 2025 por

www.aversopoesia.com
hola@aversopoesia.com